Género **Ficción**

I0902695

Pregunta esencial

¿Qué te hace reír?

La fiesta de Rodrigo

Miguel Ísola
ilustrado por Natalia Colombo

Capítulo 1

Globos

Cumplir ocho años parece muy divertido. Y puede serlo. Pero Rodrigo se siente un poco extraño. Es la primera vez que invita a sus compañeros de la escuela desde que se mudó con su familia el año pasado a esta nueva ciudad. Hace un año, su mamá consiguió un trabajo aquí.

Rodrigo era muy feliz y disfrutaba mucho su vida en el lugar donde nació. Le gustaba chapotear en el arroyo y pasear por el campo con sus padres. Pero día a día, se fue acostumbrando a su nuevo hogar. Además, ahora viven muy cerca de la casa de su tío, que es muy divertido.

Rodrigo está contento porque es su primer cumpleaños en su nuevo hogar, pero también extraña a sus viejos amigos.

La mamá de Rodrigo quiere que el cumpleaños sea especial. Y sabe que ella puede aportar lo suyo para que eso suceda. Su mamá preparó una rica torta de frambuesas y la decoró como a Rodrigo le gusta, con muchos jugadores de fútbol sobre la cancha verde.

—Esta es la torta más grande que me has hecho, mamá —dice Rodrigo al verla.

—Es que los invitados son muchos —responde ella—. Y tiene que alcanzar para todos.

—¿Puedo colocar las velitas? —pregunta Rodrigo.

—Claro, pero ¿sabes dónde van? Cada una tiene su lugar.

—Cuatro van como palos de los arcos y cuatro marcando las esquinas.

—¿Cómo adivinaste? —dice su mamá y sonríe—. Yo sabía que mi hijo era inteligente.

Se escucha la voz cansada del tío que llama a Rodrigo desde la sala. Al entrar, Rodrigo ve a su tío estirado en el sofá, exhausto. Es tan alto y delgado que sus piernas parecen una barrera de tren cruzando la sala. A su alrededor, un montón de globos de colores cubren el suelo. Están tan inflados, que parece que van a explotar en cualquier momento.

—¡Tío! ¿Estás bien? —pregunta Rodrigo.

—Sí —responde el tío—, es que soplé más aire del que tenía.

—¡Se nota! —exclama Rodrigo—. Llegaste hace apenas quince minutos y mira cuántos globos inflaste, ¡muchos!

—Cuarenta y dos, para ser exactos —dice su tío.

—¿De verdad? —dice Rodrigo—. ¿De dónde salió tanto aire?

—Creo que lo último salió de mi cabeza —dice el tío—, porque estoy un poco mareado.

Rodrigo sonríe con la ocurrencia.

Cuando su tío logra recuperarse del mareo, Rodrigo lo ayuda a atar los globos en grupos y a colgarlos junto a las guirnaldas que decoran la sala.

—¿Cómo van los decoradores de fiestas? —pregunta el papá de Rodrigo.

—Nos queda solo este grupo de globos —le dice el tío. Le guiña un ojo a Rodrigo y le pregunta—: ¿Dónde lo ponemos?

—¿Sobre la ventana? —dice Rodrigo.

—Sí, es una buena idea.

Su tío sube a una silla junto a la ventana abierta y Rodrigo le alcanza los globos. En ese momento, su mamá abre la puerta y una ráfaga de viento arrebata los globos de la mano de su tío, los hace rebotar contra la cara sorprendida de su papá y salir volando a toda velocidad. Rodrigo y su papá se ríen mucho, mientras su tío y su mamá corren por el jardín para alcanzarlos. Rodrigo se asoma por la ventana y ve cómo corren a toda velocidad. Pero es demasiado tarde, los globos levantan vuelo y se enredan en el árbol más alto del jardín.

—Qué vergüenza, todos mis compañeros van ver los globos en el árbol y a darse cuenta de que se nos escaparon —dice Rodrigo cuando su mamá y su tío, que otra vez se quedó sin aire, regresan a la casa.

—Al revés —bromea su tío—, tus amigos van a pensar que lo hicimos a propósito, para decorar el jardín y que todos los vecinos sepan que es tu cumpleaños.

Todavía no ha empezado la fiesta, pero Rodrigo ya lo está pasando bien.

Capítulo 2

Payasadas

A medida que llegan sus compañeros, Rodrigo les da la bienvenida. Todos parecen contentos de haber venido. Le traen muchos regalos. Rodrigo está sorprendido.

—¡Gracias! —dice Rodrigo a uno de sus compañeros mientras acaricia una pelota blanca y negra—. ¿Cómo supiste que me gusta el fútbol?

—Te vi el otro día al costado del campo de entrenamiento de la escuela, muy concentrado mirando un partido y pensé que si te gustaba mirar también te gustaría jugar. ¿Acerté?

—¡Sí! —dice Rodrigo, dándole un pase.

El lugar de reunión es la mesa de los bocadillos. Son la especialidad de su papá y el primer gran atractivo de la fiesta, porque pronto casi se terminan.

Luego llega Nadia, la nueva mejor amiga de Rodrigo.

—Llegas tarde para los bocadillos —dice Rodrigo, con tono de reproche cariñoso.

—Pero no para divertirme —dice ella sonriendo.

En ese momento se escucha la voz del tío que llama a los niños desde el patio. Cuando salen, Rodrigo se queda mudo. Su tío, vestido con una nariz de payaso, pantalones rojos y chancletas violetas, hace malabares con tres huevos.

—Se te van a romper —exclama Rodrigo.

—¡Son huevos duros! —dice su tío—. ¿Listos para la gran competencia?

—¿Qué clase de competencia? —pregunta Nadia.

—Tomen cada uno una cuchara y un huevo —dice el tío señalando unas canastas—. Coloquen la cuchara en la boca y sostengan el huevo con ella. El que toca la pared del fondo y vuelve sin que el huevo se caiga será el ganador. Les mostraré.

El tío corre por el patio con la cuchara en la boca y el huevo en ella. Parece que se le va a caer en cualquier momento, pero logra ir y volver con éxito.

Ahora es el turno del resto. Rodrigo y los demás están preparados. Pero Nadia no puede sostener la cuchara y pone caras muy graciosas. Con la risa, a Rodrigo se le cae la cuchara. Los demás comienzan a tentarse y a dejar caer sus cucharas con los huevos, hasta que lo único que se escucha es una gran risotada.

Al terminar la carrera, juegan a descubrir el tesoro escondido. Después a la mancha, a la carrera de embolsados y a otros juegos más. Corren, saltan y ruedan alegremente. Hasta que se cansan.

Entonces vuelven a la casa, donde hay masas con dulces y nata batida. El tío se tira en el sofá y se hace el dormido, roncando con fuerza. Rodrigo mira a Nadia y le hace un guiño. Toma un bocadillo de atún, se acerca despacio y lo coloca en la boca abierta de su tío, que, con mucho escándalo, finge que se ahoga y hace reír a todos.

Detective del lenguaje	**¿Qué adverbio tiene la oración subrayada en esta página?**

Capítulo 3

Las velas y el viento

Es un día caluroso y han corrido mucho, así que se sirven un jugo para refrescarse. El papá de Rodrigo enciende un ventilador.

De repente, las luces se apagan y entra su mamá con la torta. Sobre el campo de fútbol, las velas están encendidas. Sus compañeros cantan el feliz cumpleaños. Rodrigo siente que el corazón le late con fuerza. Su mamá coloca la torta justo en frente de él, que infla los pulmones para soplar con fuerza, aunque no llega a soltar el aire. No entiende lo que pasa, pero escucha las risas. Entonces se da cuenta, el ventilador apagó las velas antes que él.

Su papá vuelve a encender las velas rápidamente. Pero el ventilador vuelve a apagarlas enseguida.

En la oscuridad se ve cómo el encendedor ilumina el rostro del papá de Rodrigo que intenta prenderlas una y otra vez.

Las risas van aumentando hasta que la carcajada de todos es ensordecedora. Su papá vuelve a intentarlo una vez más, y esta vez no se apagan: el tío ha apagado el ventilador.

—¡Momento! —dice Nadia cuando Rodrigo finalmente logra apagar él mismo las velitas—. Creo que debemos cantar el feliz cumpleaños una vez más.

—No, así está bien, gracias —dice Rodrigo un poco avergonzado.

—No digo cantártelo a ti —dice ella.

—¿Cómo? —pregunta Rodrigo porque no entiende qué quiso decir su amiga.

—¿Por qué no le cantamos al ventilador?

Muertos de risa, cantan: "Que lo cumplas feliz, que lo cumplas feliz, que lo cumplas, ven-ti-la-dor, que lo cumplas feliz".

La torta es un éxito, más de lo que su mamá esperaba. Todos se quieren sacar una foto con la cancha de fútbol. Casi todos repiten. Mientras reparte las porciones, Rodrigo piensa en algo. Cuando llega el turno de alcanzarle una porción a su tío, aprovecha para susurrarle al oído:

—Tío, no quiero que la fiesta se termine, ¿puedes hacer algo para que mis amigos no se vayan todavía?

—Creo que sí, haré cualquier cosa por mi sobrino preferido.

—¡Pero si soy tu único sobrino!

—Por eso, mi preferido.

—Entonces, tú también eres mi tío preferido —dice Rodrigo, risueño.

Detective del lenguaje	La oración subrayada en esta página, ¿es enunciativa o exclamativa? ¿Cómo lo sabes?

Capítulo 4

El espectáculo continúa

Entonces el tío de Rodrigo se pone de pie de un salto y hace una reverencia.

—Ahora, cada uno debe dibujar el animal que lo identifique. Después trataremos de adivinar quién lo dibujó —dice el tío.

Cada uno en un rincón diferente, dibuja hasta que el tío dice basta y recoge todos los dibujos, los mezcla bien y los pone en una bolsa. Luego va haciendo pasar a cada uno para que saque un dibujo de la bolsa y trate de adivinar a quién identifica ese animal.

—¿Esta hiena quién puede ser? —dice Nadia.

—Alguien que está muy contento —acotan algunos.

—Sí, y tiene el pelo enrulado. No se me ocurre quién puede ser... —murmura Nadia.

—Uno de rulos que se está riendo —dice alguien.

—Y que tenga un motivo para estar contento —agrega Nadia. Y en ese momento, Rodrigo larga una carcajada.

—¡Oh, qué misterio! ¿Quién será? —dice sonriendo Nadia.

—¡Está bien, fui yo! —exclama Rodrigo y todos ríen.

Una vez que terminan de jugar, guardan los lápices y papeles entre todos.

—Quiero los dibujos como recuerdo de este cumpleaños —dice Rodrigo.

—Lo que a mí me gustaría tener son mis anteojos —dice el tío, palpando sobre el sillón.

—¡A buscar los anteojos, todo el mundo! —exclama el papá de Rodrigo. Todos buscan los anteojos del tío.

—No los pudimos encontrar, tío —dice Rodrigo—. Trata de recordar dónde los usaste por última vez.

—La última vez que los vi, los tenía puestos —bromea el tío—. Y la última vez que los toqué, los tenía...

El tío mete la mano en el bolsillo de su chaleco. Se queda petrificado. Allí estaban los anteojos. Se los muestra a los niños y sonríe.

—¡Eres un chistoso! —exclama Nadia—. ¿Era otro juego más?

—De verdad no los encontraba —explica el tío—. ¡No veía la hora de volver a ver! —dice y los niños se ríen.

De a poco, los padres de los compañeros de Rodrigo vienen a recogerlos. Mientras su papá y su mamá hablan amistosamente con ellos, Rodrigo despide a sus amigos.

—Tu tío es tan gracioso que me hizo doler el estómago de la risa —dice Nadia.

—Sí, debes darle las gracias por haber tenido un cumpleaños tan divertido —dice otro compañero.

—Y a tus padres por la rica comida —dice Nadia.

—Y a todos ustedes —dice Rodrigo.

Cuando todos se han marchado, el papá de Rodrigo lo abraza.

—¿Qué dices, hijo, lo disfrutaste? —le pregunta.

—La verdad que sí, papá, muchas gracias —responde Rodrigo—, me hicieron pasar el mejor cumpleaños.

—Tu tío fue el artista de la fiesta —dice la mamá de Rodrigo—. Deberías agradecerle especialmente.

—Yo soy el agradecido a ustedes —dice el tío—. Realmente me divierte compartir estos momentos.

—Pues prepárate para divertirte mucho más, porque pensamos invitarte a muchas más fiestas, ahora que vivimos en la misma ciudad —dice el papá de Rodrigo.

Rodrigo piensa que esa no es una mala noticia.

Respuesta a la lectura

Resumir

Usa detalles para resumir los sucesos importantes de *La fiesta de Rodrigo*. El organizador gráfico te servirá de ayuda.

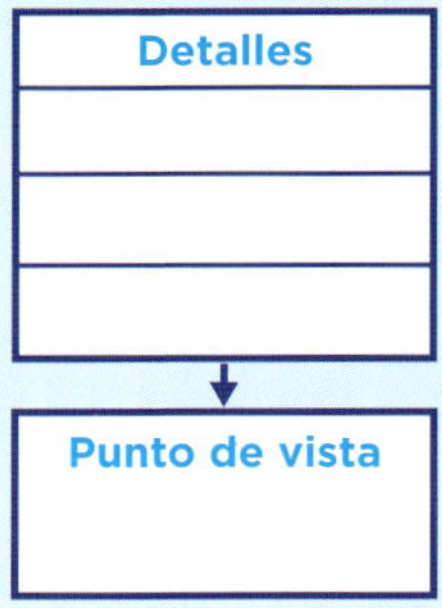

Evidencia en el texto

1. El cuento *La fiesta de Rodrigo*, ¿es de ficción o de no ficción? ¿Qué detalles te dicen esto? **GÉNERO**

2. ¿Cómo se sentía Rodrigo en el lugar donde nació? Vuelve a leer la página 2 para buscar pistas. **PUNTO DE VISTA**

3. ¿Qué significa el modismo *se queda petrificado* en la página 14? **MODISMOS**

4. Al final del cuento, ¿crees que Rodrigo ya se siente mejor en su nuevo hogar? ¿Por qué? **ESCRIBIR SOBRE LA LECTURA**

Género **Poesía**

Compara los textos

Lee un poema divertido que se lee de abajo hacia arriba. Comienza leyendo el poema en la página 19, sigue en la página 18 y termina en la página 17.

Poema rascacielos

Pedro Mañas

me vuelvo al suelo.

y ahora rima que rima

del rascacielos,

He llegado a la cima,

siempre hacia arriba.

voy leyendo el poema

tan llamativa,

Voy subiendo esta torre

y no me retraso.

voy leyendo el poema

pasito a paso,

Voy subiendo la torre

y no me sofoco.

voy leyendo el poema

poquito a poco,

Voy subiendo la torre

y voy a escalarla.

He encontrado una torre

de piedra y palabras.

He encontrado un poema

Haz conexiones

¿Logró hacerte reír el autor de *Poema rascacielos*? **PREGUNTA ESENCIAL**

¿Por qué *La fiesta de Rodrigo* y *Poema rascacielos* te hacen reír? **EL TEXTO Y OTROS TEXTOS**

Enfoque:
Elementos literarios

Rima En la poesía, el lenguaje y el ritmo son muy importantes. Algunos poemas riman. A un poema que cuenta una historia se lo llama poema narrativo. Los poemas narrativos riman a menudo porque la rima ayuda a los lectores a recordar los sucesos.

Lee y descubre *Poema rascacielos* es un poema narrativo escrito en rima. A cada grupo de versos se lo llama estrofa. En cada estrofa, hay versos que riman, como *rima* y *cima* en la página 17. Encuentra otras palabras que rimen y luego lee el poema en voz alta para oír las rimas con claridad.

Tu turno

Escribe tu propio poema narrativo que te haga reír. Puedes escribir sobre personas reales y sucesos que hayan pasado realmente, o puedes inventarlos. Recuerda que un poema narrativo cuenta una historia. Trata de que las palabras al final de algunos versos rimen.